Breviario de la luz

Un jurado compuesto por Luis Alberto de Cuenca, Elena Medel, César Augusto Ayuso, Carlos F. Aganzo, Martín López Vega, Pedro Flores y Sergio García Zamora, copresidido por Ángeles Armisén, presidenta de la Diputación de Palencia, y Luis Calderón, alcalde de Paredes de Nava, adjudicó a *Breviario de la luz,* escrito por José Ángel Losada Gahete, el Premio Internacional de Poesía Jorge Manrique, en su octava edición, organizado por la Diputación de Palencia en colaboración con el Ayuntamiento de Paredes de Nava.

CÁLAMO
POESÍA

#38#

José Ángel Losada Gahete

Breviario de la luz

CÁLAMO POESÍA
Colección dirigida por
César Augusto Ayuso

© José Ángel Losada Gahete, 2024
© Menoscuarto Ediciones, 2024

ISBN: 978-84-19964-30-4
Dep. legal: P-334/2024

Printed in Spain - Impreso en España
Imprime Gráficas Zamart (Palencia)

Edita: Menoscuarto Ediciones
        Cardenal Almaraz, 4 - 1.º F
        34005 PALENCIA (España)
        Tfno. y fax: (+34) 979 70 12 50
        correo@menoscuarto.es
        www.menoscuarto.es

a toda la buena gente de Granja de Torrehermosa, Son Gotleu, Valverde de Llerena, Fuente del Arco, Fregenal de la Sierra, Burguillos del Cerro y Zafra, con las que sigo compartiendo el pan de cada día.

«Eres la luz y siembras claridades...»
Himno de laudes

«sin otra luz y guía
sino la que en el corazón ardía.»
Noche Oscura, S. JUAN DE LA CRUZ

EN la rama de hinojo
el pájaro se columpia
y canta

en Tu nombre
mi vida es canto
y balanceo

I

EN EL SILENCIO LAS MIRADAS
RECOBRAN LA INOCENCIA

MI MADRE EN LA COCINA
santifica el tiempo
con el fuego y las especias

el sabor de su arroz
la salsa amarilla
tienen la luz de sus manos
el momento transformado
en caricia

Tus manos
en las nuestras confundidas
prolongándose claras
desbordadas

Tu abrazo
en nuestro pan de cada día

ASCUA EL SILENCIO
derramada aurora
llaga ungida

también la nieve
es testigo
su desatada y ardiente
garganta limpia

febril arcángel de la luz

Vivir
regresar
al avión de papel cuadriculado
y dibujar ventanas
en las encrucijadas de lo oscuro

soñar puentes
en los insondables ojos del alma

volver a los pasos iniciales

vivir
abrir ventanas
en los muros interiores
desembarcar en las incertidumbres
en todo lo que quema

desatar el aire

LUNES
de la quinta semana de cuaresma
sigue Susana bañándose en el jardín
aligera la primavera
despierta las viejas brasas

usurpado territorio

la llama del corazón
enturbia de luz
a los ojos

azote
                y brújula
su latido

desde tu pecho traspasado
la verdad florece
nos limpia
y nos recrea

solo desde él nace
la primera mañana

COMO UN NIÑO
que acaba de despertar
y desbarata
las ojeras de la noche

el beso de mi madre
trastoca los límites
acuna mi desvelo

su sonrisa cristalina
es mi fuerza

llena de música mi corazón
hasta el atardecer

sustenta mi aliento

anegado malabarismo

Padre
así también tu nombre

UN DÍA DE BODAS
la casa encalada
la luz desnudándonos

estrecha la puerta
ávido deseo
territorio de búsqueda
y desafíos

en el silencio
las miradas
recobran la inocencia

MUCHOS AÑOS
llevan estos lirios
que plantó mi madre

en sus raíces
mi vacilante luz

ofrenda menor
primeriza liturgia de Marzo
renovado oráculo

Tu cotidiana providencia
al borde de mis manos

CABALGA LA SED
en nuestras venas

somos sed
            y mediodía

te buscamos a tientas
cruzamos descalzos
el atlas de la vida

anhelamos la inefable luz
que de Tu fuente mana
con la alegría humilde
y persistente de la lluvia

Sabía que vendrías

el alma presiente encuentros
que incendian el pecho
y las manos

esperar
es preguntarse

llenarse de campo
y escuchar

derramarse despacio
titilar de susurros

esperar es habitar
un sorprendente vacío

ME DESPIERTA TU LUZ
y solo en ella
—con mis tinieblas de la mano—
me descubro vivo

tiene la intemperie
rostros prometidos
deslumbrantes ocasos
bosques suplicantes
desenvainados desvelos

                    somos camino
                    crujidos de silencio

desesperadamente luz

COMIENZA LA MAÑANA
con la fidelidad de la aurora

revolotean los pájaros
en las hojas de los árboles
como un murmullo sagrado

renace la vida
gira el tiempo

en Tus ojos
en la hondura del silencio
en el suplicio
de las espigas golpeadas

siempre despunta
tu eterna caricia

HAY UN RÍO
que no aparece en el mapa
de las cuencas fluviales

recorre las calles
del silencio

envuelve en su claridad
los frágiles vuelos

arropa el desamparo
es morada
vereda

alimenta de sueños las riberas
colma de nidos
y música los límites
cura todas las lepras
–Naamán lo sabe–

un río
que brota del costado traspasado
sangre derramada
que nos procuró la vida

Vengo con la fatiga
de sostener estos ojos
que se resisten a tu luz

con la agonía
de querer perderme
en las derivas de tu nombre

tiene la esperanza
los viejos estertores
de las pérdidas

la vela henchida
en un mar seco

a pie enjuto
en el zaguán del aire

NOS SANARON TUS HERIDAS

solo la sed
despierta a la primavera

solo la sed
hace camino

el árbol cortado
es ahora cruz
que nos devuelve
                              a la tierra

          inflamados límites
          anhelado retorno

florece su quemadura

ESCUCHÉ CÓMO EL SILENCIO
acorrala el frío
y el sueño
haciéndose extraña claridad

vuelve a confundir a la nieve

a ser pájaro desvelado

a nadar desesperadamente
en mis viejas libretas
donde habita el desatino

escuché cómo el silencio
en la ebriedad de Tu luz
derretía mis párpados

VEN LUZ
a las sombras de mi vida
y despierta la conmovedora alegría
de habitar en ellas

la brisa serena
que alivia mis cansancios

el fuego que ensancha
y enardece mi horizonte

definitivo instante
de tu nombre en mis labios
como las uvas primeras

el inefable gozo
del vértigo de Tu luz

II

CONSAGRA LO ESCONDIDO

DESCENDER
                    es lo que fructifica

perder altura
lo que nos salva de la sequía
de la gangrena
y la tristeza

descender

incendiar las sombras

caminar
sobre los resquicios de la luz

reclinarse en lo profundo
como el grano de trigo

consumarse en el surco

perderse como la levadura
en la harina
como las pequeñas cosas calladas

                              bajo la lluvia

ME APENA CADA ATARDECER
la luz
parece diluirse
y nos empañan las ausencias
en el país de la orfandad

los árboles reinventan
el sueño de los pájaros

como el agua del río
tiembla la misma vida
en los recodos invisibles
de la maleza

quiero atardecer junto a ti

volver
           a las aceras de la infancia

donde tus huellas
están tiernas todavía

VIVIR
abandonarnos
a la sombra de Tu nombre
a la extrañeza del exilio

arde la tarde

solo queda
el eterno resplandor
en la brújula de los ojos
de mi madre

y Tus anchas manos
descarriadas en su ternura

transfigurado vértigo

luz

TIENE LA PALABRA
el ansia primeriza
de la madre
que en cada latido
siente la vida

ese dolor que redime

el llanto que anuncia
el traqueteo del tiempo
las prisas de la llama

tiene la palabra
la claridad cenital
de las manzanas
el siseo del trigo

tiene pájaros revoloteando
en los ejes de la tarde

es la palabra
silencio derramado

una gavilla de luz

QUE LAS PÉRDIDAS
nos devuelvan
a aquellas tardes de lluvia
donde la inocencia
se enredaba con la luz

solo el silencio alumbra

el imperioso deseo
de fundirme con el agua
y regresar a la tierra
al amparo de lo que no se oye

abrir los postigos de la ausencia
cerrar despacio los ojos
dormir en tus brazos
vislumbrar lo que no se ve

solo el silencio alumbra

déjame acunarme
en la dulce memoria
de Tu voz

LA COSECHA
en mi era de chinatos

he perdido todas las batallas
quemé el timón
me embarqué solo
con mis desvaríos

descarriada canción
agrios caballos
lejos

no enciendas el candil
a las distancias
y pérdidas

al fin el silencio
despierta a la luz
        doblega
                el horizonte del paisaje
consagra lo escondido

ESTOY CANSADO

solo te pido
un poco de claridad
para defenderme

cúbreme con tu mano
aligera mi zozobra
pronuncia despacio mi nombre

aunque sea a tientas
déjame que me agarre
con fuerza ciega
a tus dedos infinitos

Mientras cuajan las almendras
en mi corazón la penumbra
cierra los postigos

noche el mediodía

la lluvia presiente
sus entrañas de llanto

aunque han florecido
los almendros
ciegan mis ojos

déjate caer

con sus lágrimas
todo tránsito
provoca nuevas sementeras

ENHEBRA EL DÍA
despertando a la aurora

rubor de estrella
en los ojos de los pequeños

convoca a los pobres
en las jaculatorias
de la intemperie

con su aguja
remienda desconsuelos
y abre las puertas a la espera

enhebra la vida

suelta las riendas

es el pájaro
volandero latido

la flor de la luz

Es domingo

la alegría
alborota mi sangre
corre aprisa
con la puntualidad saltarina
de Tu luz

con el gozo incipiente
del que nace

es domingo
en la infancia

CUANDO SE DESPIERTA EL SILENCIO
sin preguntar la hora
se pone a jugar en la orilla
con las palabras

consigue derrotarlas
y las lanza sin piedad
a lo más hondo

en las raíces

solo en las raíces
amanece
solo en ellas
te reconozco

desde el sosiego
brillan las palabras

EN MI CANSANCIO
Tu nombre se desboca

sal que deshaciéndose sala
y grano imperceptible de mostaza
que crece
                cobija
                            canta

agua clara
                que mana callada

tesoro velado
                que solo en lo pequeño relumbra

blanca fatiga
el fruto

imprescindible luz

APENAS EN UN SUSURRO
la verdad habita

melodía escondida
de los adioses

inocente
         temblor del pan
         y de la tarama en la lumbre

estas letras breves

esta nave varada

la estampida de la simiente

un niño dormido

apenas en un susurro
la vida derramada

revelación y centelleo

Vivir
es arriesgar la vida
enhebrar cadencias

la apasionada briega
por lo simple
lo que no cuenta
lo pequeño
lo inútil

descender
en la desapercibida brisa
en la zarza que arde eternizada

descender
a ese hondo silencio
de Tu encarnación

AMANECE
con un fuerte viento

la esperanza
ondea a ciegas
en el horizonte

la búsqueda y la sed
llegan lastimadas
y se abrazan

junto a la luz
aparece despeinada
la alegría

AZULEA DE CLARA
tu mirada
buen Dios

rebosas luz
desvaneces las sombras
de mi corazón
aleteas en mis pupilas

pueblas mis manos
custodias la sal
allanas mi sendero

III

DEJA QUE CANTE TU POBREZA

A SOLAS CONTIGO
mientras trabajo
esta cesta de mimbre
para recoger las heridas

mis manos
suplican humildes
que no se pierda
la siembra de los inocentes

a solas los dos
en la vieja tramoya
silencio
                    y luz

MORIR NO ES ACABAR
porque queda
la huella de Tu luz
en otros ojos

queda tu nombre
en memorias
que prolonga el tiempo

silencios vertebrados
en las tardes
en tus queridos libros
en esa camisa
 (los llamamos recuerdos)

vuelven las amapolas
los sembrados verdean
en el sueño de la siega
y el trasteo del pan

somos barbecho
aguardo de sementera

incipiente surco
fugaces vigías

morir no es acabar
mientras tu abrazo
me duela
y levante
despertando en el amor
nuevas travesías

Tú
eterna lluvia
consagrando con tu caricia
el dolor de la ausencia

futuros brotes
inexorable zureo

En el terco olvido
de mis manos
canto tu nombre
cuando «i due fiumi»
de Ludovico Einaudi
busca reposo

tarareo por el camino
como cuando era muchacho
de pantalones cortos
múltiples indefensiones
y sandalias

buscaba lagartijas
en el regazo caliente
de las piedras

te presentía en aquel horizonte
de cielo y encinas
inalcanzable y cierto

a pesar de los negros nubarrones
amenaza de tempestad
de las suelas gastadas
seguiré cantando Tu nombre
aunque dentro del alma
llueva a chuzos

No quiero que te vayas

tienen las ausencias
la incertidumbre de los truenos
la zozobra del naufragio
el rigor enfebrecido de la candela

Tu ausencia
es oscuridad
precipicio sombrío
de abisales rendijas
por donde se cuela la nada

angustiosa aridez

                        que nos lanza al camino

las llagas inacabadas
alargan los confines
del silencio

incesante búsqueda
deshabitadas afueras

imperecedero vuelo

HABITO
en el continente de Tus manos
abandonado al abrazo

al escondite de tu costado
inflamado crepitar de nombres

a la vera de todos los instantes
y a la sombra de todas las ausencias

incierto
alegre
en el incesante caudal
de mi indigencia

QUIEBRA LA QUIETUD
la seca sacudida
de otro golpe

vivo en el desasosiego
buscando la pregunta
en la espesura

agazapado en tus llagas
como ignorado animal de luz

ENCENDIDO MAR
página viva
donde dictan los vientos
y la soledad gravita

revolotean los pájaros
en la inquietud de sus olas

cómplice luna
embarcada en la cordillera de la noche
en el batir de su espuma
las brasas de su silencio
agua escrita

No hieras
el consejo de los ancianos

persiste en lo que no se ve
no cedas

abre
de par en par el corazón
a lo que no se oye

vive en el silencio

aligera el rumbo
suelta las amarras
rompe los cerrojos

deja que cante tu pobreza

ENTRE LAS PALABRAS
viejos alaridos
derriban las murallas

de las entrañas del trigo
una sacudida
contra los mercados

ahogado en mi desafío
busco la sombra
de Tu nombre
donde poder vivir
ya no mi vida

el desbordante amor
la llama oscura

VIVIR
quemar el viejo clamor
de la costumbre

desmoronar la niebla
guiados por la sed

iluminándonos con el silencio

con la canción elemental
de las menudas cosas de la vida
y su fulgor apenas

del traspasado resplandor de la dehesa
la silla baja de eneas
el brasero de picón
los geranios
el corral
la higuera
con su dulce sombra
y las avispas
en el pilón de las mulas
en la apremiante espera
de lo imprevisible

CADA INSTANTE
milagro
señal de Tu presencia

renaces cada día
en el alma chica de las cosas

en el leve resplandor
de lo que pasa

en el sonido arcano del agua
la caricia del mar
sobre la roca

los versos no escritos
lo escondido

renaces
en la elemental inocencia
de lo que va a morir

Un RESCOLDO
arropado por la ceniza
podría incendiarnos

bendito oráculo
que hace volar al pájaro
y florecer la cebada

como limpia la lluvia
lentamente la tierra
y nutre las raíces

un rescoldo centinela
aligera el deseo

quedas
en el cotidiano hechizo
de la luz.

EL ÁNGEL IGNORA
que en la noche
habitan los asombros
como versos desnudos
como enardecidas plegarias

pequeños
invisibles
como trozos de luz
                    inesperados

en el pulso suave
de lo que acontece

pájaro de fuego
en la incertidumbre
de la fronda

barro primero
ceniza de manzanas

aquel anhelado paseo
por el desahuciado Edén
pero el ángel no sabe

En las manos del hortelano
se estremece
el verdadero cántico

sueña la esperanza
florece despacio
en la quietud
de la semilla enterrada

canta el pajarillo
y su ingenuo trino
despierta la copa del manzano

el rodar de la noria
parece lastimar al tiempo

un trozo de cielo
flota gozoso en la alberca
murmullo de hojas caídas
risas de muchachos transparentes

sembrar siempre
mirando a las alturas

la vida no sabe

la tibia luz de las tardes
descansa en la lluvia y el sol
y crece multiplicada
entre sus dedos

trozo de tierra inacabada
huerta y universo
forjados paraísos

bienaventurada fatiga

quién es el hortelano
manantial que incendia
la noche
y abrasa los violines

en sus manos

                    mi vida

AMANECE ENTRE ABROJOS

su nombre sana el corazón

me he arrodillado
junto al silencio
de las cepas
donde mana lo escondido

desnudo de certezas
duermo a Tus pies

de su llama
beben mis ojos cerrados

calladamente la noche
es aurora

decidida revelación

humilde centinela
de Tu luz

«Sí, todo lo que ha sido verdaderamente contemplado
debe ser poema.»

R. M. RILKE

Índice